Tobias Zender

Überblick und Kritik: Psychobiographisches Pflegemodell nach Erwin Böhm

Seelenpflege

GRIN Verlag

Impressum:

Copyright © 2012 GRIN Verlag GmbH
Druck und Bindung: Books on Demand GmbH, Norderstedt Germany
ISBN: 978-3-656-24477-6

Dieses Buch bei GRIN:

http://www.grin.com/de/e-book/196948/ueberblick-und-kritik-psychobiographisches-
pflegemodell-nach-erwin-boehm

Tobias Zender
Semester 3

Referat zum Thema: Psychobiographisches Pflegemodell nach Erwin Böhm

„Seelenpflege"

HTW des Saarlandes, Management und Expertise im Pflege- und Gesundheitswesen (Bachelor), Lehrveranstaltung:
Pflege in Theorie und Forschung (BAME 313)

Inhalt

1.Einleitung

Erwin Böhm hat mit dem von ihm entwickelten Psychobiographischen Pflegemodell vor allem in Österreich eine neuen Denk- und Handlungsansatz (primär) in der geriatrischen (Langzeit)Pflege geschaffen. Doch auch über die Grenzen Österreichs hinaus erlangte das Psychobiographische Pflegemodell nach Böhm einen hohen Bekanntheitsgrad. Seine Prämisse lautet: *„Vor den Beinen muß die Seele wieder bewegt werden!" (Böhm, 2004, S.24)*

Im folgenden Referat werde ich auf die zentralen Aspekte des Psychobiographischen Pflegemodells nach Böhm eingehen, angefangen bei theoretischen Begriffsklärungen zum besseren Verständnis der Theorie bis hin zu den von ihm entwickelten Interkationsstufen, die einen zentralen Stellenwert in der Böhmischen Theorie einnehmen. Böhm selber klassifiziert sein Modell als *„dynamische Systemtheorie" (Böhm, 2004, S.49),* da er die Bezeichnung Modell als zu statisch sieht, d.h. im Sinne eines Modells würde dies ja keine Weiterentwicklung zulassen. Böhm jedoch fordert eine kontinuierliche Biographieforschung, um das Psychobiographische Pflegemodell an die jeweilige Generation anzupassen.

Einen weiteren Schwerpunkt meines Referates widme ich der Psychobiographie. Hierbei nimmt vor allem die Erhebung biographischer Daten einen zentralen Stellenwert ein. Aus diesen Daten lassen sich die jeweiligen Bewältigungsmechanismen (Copings) ableiten und dadurch eine Einordnung in die anfangs kurz erwähnten Interaktionsstufen erfolgen.

 Abschließend werde ich einen kleinen Ausblick und die Fragestellung einer Umsetzung der Theorie (zum Beispiel in Deutschland) diskutieren. Um aber ein etwas deutlicheres Bild von Erwin Böhm zu bekommen, möchte ich anfangs einige der wichtigsten biographischen Ereignisse behandeln.

2. Biographische Eckdaten

Erwin Böhm, geboren am 16. Mai 1940, absolvierte 1963 das Examen zum Krankenpfleger, nachdem er zuvor bereits eine Ausbildung als Karosseur abgeschlossen hatte. 1970 bildete Böhm sich zum Unterrichtspfleger weiter. Bereits zu diesem Zeitpunkt begann er erste Arbeiten an seinem psychobiographischen Pflegemodell. Als Böhm dann 1978 im Alleingang in seiner Position als Krankenpfleger und gegen den Rat der Ärzte und Kollegen einen psychogeriatrischen Patienten in dessen eigenen Wohnung re-integriert, zieht das für Böhm beinahe strafrechtliche Maßnahmen nach sich. 1979 startete dann das Modellprojekt „Wiener Übergangspflege", diesmal allerdings mit der offiziellen Zustimmung des Wiener Stadtrats. In der Folge wird die Übergangspflege eine eigene Dienststelle im Kuratorium für psychosoziale Dienste in Wien 1980 und 1982 wird bereits der 1000. Patient in sein eigenes Zuhause entlassen. 1983 verleiht die Stadt Wien Erwin Böhm das silberne Verdienstzeichen, im selben Jahr als die re-aktivierende Pflege nach Böhm Einzug in die ersten Einrichtungen fand. 1985 erscheint Böhms Erstlingswerk „Krankenpflege- Brücke im Alltag", im selben Jahr wird Böhm die Doktorwürde verliehen. Sein Durchbruch gelingt Böhm mit dem Buch „Verwirrt nicht die Verwirrten", welches zum Bestseller wird. Es erschien 1988. Es folgen die Bücher „Pflegediagnose nach Böhm" (1989), „Alte verstehen" (1991), „Ist heute Montag oder Dezember" (1992) und „Psychobiographisches Pflegemodell nach Böhm" (1999). Im Jahre 2000 erhält Erwin Böhm den Professortitel (e.h.). Ein Jahr später kommt es zur Gründung der ENPP- Böhm Bildung und Forschung GmbH. Sein psychobiographisches Pflegemodell feierte im Jahre 2008 das 25-jährige Bestehen. [1]

---

[1] Vgl. http://www.enpp-boehm.com/de/enpp-boehm-gmbh/erwin-boehm/beruflicher-werdegang.html
(zuletzt eingesehen am 05.03.2012)

3. Theoretische Grundlagen zum Modell

Bevor wir uns dem psychobiographischen Modell näher widmen, gilt es im Vorfeld einige Begriffe zu erläutern. Ein zentraler Aspekt des Modells ist die Sichtweise der menschlichen Psyche nach Böhm. Hierbei unterscheidet er die Thymopsyche von der Noopsyche.

3.1 Thymopsyche

Unter der Thymopsyche wird die emotionale Sicht der Dinge verstanden. Den Zusammenhang zu Böhms Modell möchte ich an einem kleinen Beispiel klarmachen: Wenn ein Demenzkranker Patient/Bewohner sich gewisse Situationen durch seine rein kognitive („noopsyschiche") Sicht nicht mehr erklären kann , so versucht er sich diese Situation durch die thymopsychische Sicht zu erklären, das heißt durch seine Instinkte, seine Intuition. Die Thymopsyche steht für die Gefühlswelt, all das was uns im Laufe des Lebens biographisch geprägt hat, wir handeln so wie wir (für uns selbst) glauben, dass es richtig wäre. Somit ist laut Böhm der Mensch nicht lediglich ein Individuum, sondern einzigartig.[2]

3.2 Noopsyche

Unter der Noopsyche wird der kognitive Prozess, also der Denkprozess verstanden. Dabei beruft sich die der Mensch auf die Naturwissenschaft oder die Geschichte. Also alles rational Erklärbare. Zur Noopsyche zählen auch unsere Gedächtnissleistungen. Da kein Mensch in der Lage sein kann das Ganze wahrzunehmen, kreiert jeder Mensch laut Böhm sein eigenes Menschen- und Weltbild. Auch eine interessante Interpretation des Begriffes Wahrnehmung von Böhm möchte ich hier kurz erklären: Das Wort nehmen in dem Wort Wahrnehmung symbolisiert laut Böhm das jeder Mensch sich sein

---

[2]Vgl. Böhm,2004,S.32

Weltbild bzw. sein Teil nimmt, welches dann dem jeweiligen Geisteszustand bzw. seiner Persönlichkeit entspricht[3]. Auch wird anhand eines Beispiels hier schon klar, welche Rolle das für das psychobiograpische Modell spielt: Böhm geht davon aus, das das Verhalten von Demenzkranken bzw. verwirrten Menschen sich daraus ergibt, das diese auf ein Menschenbild zurückgreifen welches sie aus der Vergangenheit kennen. Dies wirkt beruhigend und gibt Sicherheit.[4]

3.3 Die menschliche Psyche, Psychobiographie, Biographieforschung, Prägungszeit

Im Folgenden werde ich den Grundriss des Böhmschen Modells erklären. Es soll damit ein Grundverständniss für das Modell geschaffen werden, als Basis für eine Vertiefung dienen (bei bestehendem Interesse). Wie bereits in der Biographie angesprochen hat Böhm selber eine Vielzahl an Büchern veröffentlicht und darüber hinaus beschäftigen sich viele Forscher auch mit dem Psychobiographischen Pflegemodell nach Böhm. Aus diesem Grunde soll dieses Referat als ein grobes Fundament dienen, um einen Einstieg in das Modell zu ermöglichen. Die komplexe Thematik erlaubt es mir im Rahmen des Referates nicht, auf alle Punkte detailliert einzugehen. Von daher möchte ich nun einen vereinfachten, meiner Meinung nach aber zum Grundverständniss des Modells wichtigem Überblick geben.

Böhm sagt der Mensch lebe in einer Mischung aus thymopsychischer Empfindungen und noopsyschicher Reaktionen. Beim Fortschreiten einer dementiellen Erkrankung geht laut Böhm der noopsyschiche Anteil nach und nach verloren, d.h. die Thymopsyche tritt in den Vordergrund und wir nehmen unsere Welt in erster Linie gefühlsmäßig wahr.[5] In dieser Phase sucht der Demenz-Erkrankte nach Ritualen aus seinem früheren „Daheim" bzw. aus den in seiner Prägungszeit (die ersten 25 Lebensjahre) erworbenen Ritualen. Werden diese vom Erkrankten nicht vorgefunden entstehen sogenannte Copings (Bewältigungsmechanismen). Dafür sind in erster Linie die ersten 25

---

[3]Vgl. Böhm,2004,S.33
[4]Vgl. Böhm,2004,S.33
[5]Vgl. Böhm,2004,S.28f

Lebensjahre auschlaggebend. Diese Zeitspanne wird auch als Prägungszeit bezeichnet. Von daher ist es von immenser Wichtigkeit im Rahmen der Biographie Erhebung durch intensive Gespräche mit Bekannten, Verwandten und dem Erkrankten selbst diese Prägungen der Kindheit und Jugend herauszufinden. Böhm betont dabei des Öfteren dass dazu nicht ein Gespräch ausreicht.[6] Hier möchte ich kurz ein praktisches Beispiel skizzieren: Durch den Verlust der kognitiven Leistungen des Demenzkranken (Noopsyche) und die Verlagerung hin zur Gefühlswelt (Thymopsyche) entwickelt der Patient sogenannte Copings (Symptome). Wenn ich als Pflegekraft in einem Krankenhaus oder Altenheim diese Prägungen und Rituale des Patienten nicht kenne, so kann ich nicht darauf eingehen. Das heißt der Pflegekraft fehlt es an dem Verständnis warum der Patient zum Beispiel am Morgen die tägliche Körperpflege verweigert oder keine Nahrung zu sich nehmen möchte. Kenne ich jedoch die Prägungen des Patienten so kann ich individuell auf diesen eingehen und ihn somit unterstützen, seine Altersseele zu re-aktivieren. Eigens zur Einstufung des Patienten entwickelte Böhm eigene Pflegediagnosen, um daraus entsprechende Maßnahmen abzuleiten. Auch hier betont Böhm nochmals ausdrücklich das die Anamnese des Patienten nicht nur rein der Datenerhebung dient. Sie soll das Vertrauen fördern und das Kennenlernen ermöglichen. Dazu ist es unerlässlich, nicht nur ein Aufnahmegespräch zu führen sondern über einen längeren Zeitraum hinweg mehrere Gespräche, auch mit Angehörigen, Bekannten und Vertrauten Personen des Patienten. [7]

Bei der Pflege nach Böhm ist es für den Pflegenden sehr wichtig herauszufinden, in welcher Interaktionsstufe sich ein Patient befindet. Denn nur dann kann ich auch adäquate Maßnahmen ableiten um somit folgende Ziele zu erreichen:

- Psychische Erreichbarkeit ermöglichen
- Bessere Verständnis des Patienten
- Verhindern einer Regression

---

[6] Vgl Böhm,1994
[7] Vgl Böhm,1994

- Reaktivierend eingreifen können [8]

Zur Verdeutlichung möchte ich diesen meiner Meinung nach wichtigen Aspekt des Modells nochmals anhand eines Schaubildes darstellen:

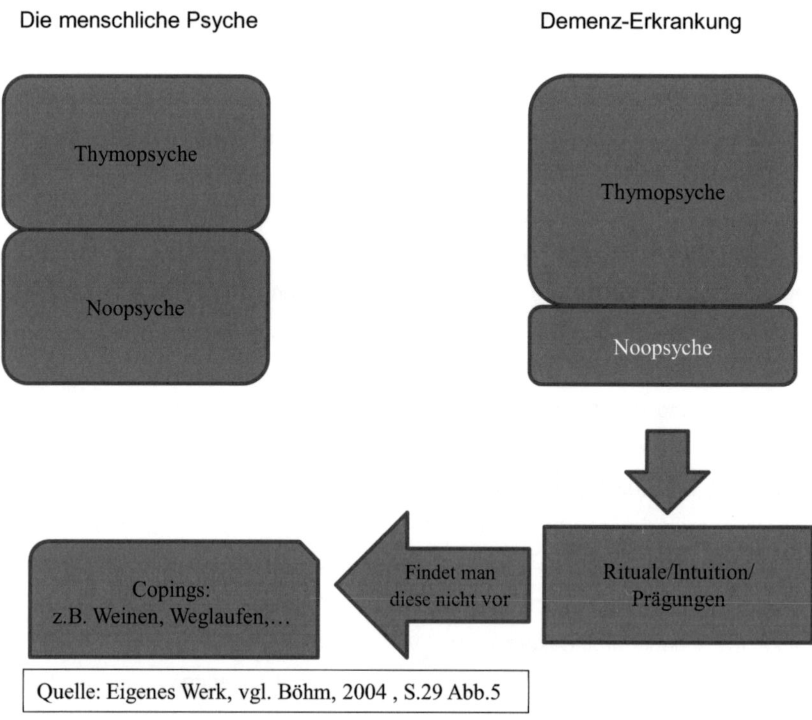

Quelle: Eigenes Werk, vgl. Böhm, 2004 , S.29 Abb.5

Meiner Meinung nach sind die oben ausgeführten Erläuterungen die Grundlage zum Verständnis des Psychobiographischen Pflegemodells. Widmen wir uns jetzt meinem zweiten Schwerpunkt, den von Böhm entwickelten Interaktionsstufen.

---

[8] Vgl. Prell, 2011

4. Interaktionsstufen

Bereits bekannt ist nun die sogenannte Prägungszeit (Ersten 25 Lebensjahre), in der der Mensch die wichtigsten Sozialisationsstufen durchläuft. Der Demenzerkrankte durchläuft diese Stufen ebenfalls erneut- nur in umgekehrter Reihenfolge. Diesen Prozess bezeichnet Böhm als Regression. [9] Je nach Fortschreiten der Demenz befindet sich der Mensch in eine der 7 von Böhm definierten Interaktionsstufen, die ich im Folgenden erläutern möchte. Auch an dieser Stelle sei nochmals erwähnt das dies nur ein zusammenfasender „kleiner" Überblick auf die teilweise komplexen Interaktionsstufen ist.

Interaktionsstufe 1: Sekundäre Sozialisation

Unter Sozialisation versteht man das lebenslange Lernen, sich der Gesellschaft, den Normen und der Kultur anpassen zu können. Böhm unterteilt dies in:

- → Primäre Sozialisation (durch Familie, Umgebung, kurz „Milieu")
- → Sekundäre Sozialisation (Schule, Kindergarten, Freundeskreis)
- → Tertiäre Sozialisation (durch Arbeitskollegen, Vorgesetzte)

Beispiel: Bei einer veränderten Umgebung kann es zu Unbehagen und Unruhe kommen. Gibt man dem Erkrankten dann das Gefühl der guten alten Zeit wieder, hat dies eine angstlösende Wirkung. Als Ergänzung gilt es zu sagen, dass die Prägungsforschung laut Böhm alle 10-20 Jahre erneuert werden soll, da sich der die kulturellen Rahmenbedingungen im Laufe der Zeit verändern. Böhm legt die bereits erforschten Jahre 1900-1925 als derzeitige Grundlage für sein Modell dar.

In der Interaktionsstufe 1 befinden sich Menschen, bei denen noch eine kognitive Leistung in Form von z.B. einem Gespräch oder

---

[9] Böhm, 1996, S.39f

Erinnerungsvermögen vorhanden ist.[10]

Interaktionsstufe 2: Mutterwitz

Hierunter versteht Böhm eine Mischung aus Muttersprache und Kindersprache. Das Rationale Denken wurde meist von väterlicherseits vermittelt während die emotionalen Anteile von der Mutter beigebracht wurden. In der Praxis bedeutet das: Humor anwenden, spontan sein (Patienten bemerken Lächeln um den Mund, Ton der Stimme) „Sprechen, wie einem der Schnabel gewachsen ist"[11] So sind Menschen in der Interaktionsstufe 2 am ehesten zu aktivieren.

Interaktionsstufe 3: Seelische, soziale Grundbedürfnisse

Hier befindet sich der Patient bereits in einer fortschreitenden Demenz, nur noch durch reaktivierende Pflege lässt sich die Seele „wiederbeleben". Jeder Mensch hat andere Bedürfnisse im Leben gehabt und hat diese demnach noch immer. (5 Uhr aufstehen, abends um 10 baden,…). Werden diese Bedürfnisse nicht erfüllt, so ist eine akute Verwirrtheit eine mögliche Folge. Das Herausfinden dieser individuellen Bedürfnisse ist ein Ziel der Biographiearbeit.
In dieser Phase ist laut Böhm eine Aktivierung nicht mehr möglich. Ab Interaktionsstufe 3 setzt also die re-aktivierende Pflege nach Böhm ein. In der Praxisumsetzung hat hier also das Erkennen und Erheben biographischer Daten zur Ermittlung der Prägungen und daraus ableitende re-aktivierende Maßnahmen oberste Priorität[12]

---

[10] Vgl. Böhm , 2004, S.179ff
[11] Vgl. Böhm, 2004, S.185
[12] Vgl. Böhm, 2004, S186 f

Interaktionsstufe 4 : Prägung

Böhm definiert Prägungen als sich wiederholende, eingespielte, irreversible Verhaltensnormen, also alle Eigenarten, Rituale und Prägungen der Kindheit beziehungsweise der Jugend. Als Beispiel wäre zum Beispiel die Angst vor Gewitter zu nennen.[13]

Interaktionsstufe 5: höhere Antriebe

„Triebe sind angeborene, auf etwas Bestimmtes gerichtete Antriebserlebnisse" *(Böhm, 2004, S.189)*. Unterschieden wird zwischen Allgemeinen Trieben, Leibliche Triebe (Nahrung, Sexualität,…) und seelische Trieben (Streben nach Macht, Geltung). In dieser Stufe soll versucht werden diese Triebe zu reaktivieren. [14]

Interaktionsstufe 6: Intuition

„Intuition ist die Fähigkeit, sich in Menschen und Situationen hineinzuversetzen, diese in ihrer Gesamtheit zu erfassen und entsprechend zu reagieren." (Böhm 2004, S. 189)
Die rationalen und analytischen Denkfähigkeiten des Patienten sind zwar in dieser Stufe durch die Demenz bereits verloren, jedoch kann er intuitiv seine Situation erfassen und darauf reagieren.[15]

Interaktionsstufe 7: Urkommunikation

Die letzte Stufe der Erreichbarkeit. Auch hier bedarf es einer psychischen Pflegemaßnahme laut Böhm, vor allem ausgerichtet auf die Psychomotorik

---

[13]Vgl. Böhm, 2004, S.187
[14]Vgl. Böhm, 2004, S.187
[15]Vgl. Böhm, 2004, S.188

("Bewegungswille")[16]

5. Zusammenfassung/Ausblick/Kritik

Zum Abschluss möchte ich auf die eigentlichen Ziele von Erwin Böhm nochmals kurz eingehen. Böhm will mit seinem Modell eine andere Ethik in die Krankenpflege einfließen lassen. Er verlangt eine Änderung der Einstellung beim Pflegepersonal. [17] Als „dynamische Systemtheorie" will er das psychobiographische Modell bezeichnet wissen[18]. Ob man dieser Klassifikation voll zustimmen kann, bleibt meiner Meinung nach offen. Dies setzt nämlich zunächst voraus, dass auch die kommenden Generationen hinsichtlich ihrer Prägungen und Rituale erforscht werden müssen. Dies ist momentan nur in den Jahrgängen 1900.-1925 vollständig passiert. Zudem liegt der Fokus im psychobiographischen Pflegemodell auf geriatrischen Langzeitpflegepatienten. Auch wenn Böhm diesen gerontologisch-geriatrischen Ansatz nur als Ausdehnung und Erweiterung seines Modells sieht, so bin ich der Meinung dass genau dieser Ansatz ein Hauptmerkmal seines Modells ist. Was mich zu der Fragestellung der Umsetzbarkeit leitet. In Österreich arbeiten viele Altenheime mit dem psychobiographischen Pflegemodell. Bei meiner Literaturrecherche habe ich auch eine Reihe von Altenheimen in Deutschland gefunden, die nach dem Psychobiographischen Pflegemodell nach Böhm arbeitet. Dazu zählen die Altenheime der Arbeiterwohlfahrt Rheinland.[19] Eine Übertragbarkeit für das Krankenhauswesen nach Deutschland wäre ein aus meiner Sicht nicht finanzierbarer und umsetzbarer Schritt. Ich möchte auch die Gründe dafür kurz ausführen. Es bedarf mehr als nur eine kurze Erklärung des Modells, d.h. alle Mitarbeiter einer Station oder Einrichtung (inklusive Ärzte,

---

[16]Vgl. Böhm, 2004, S.189
[17]Vgl. Böhm, 2004
[18]Vgl. Böhm, 2004
[19] http://www.awo-rheinland.de/fileadmin/user_upload/pdf/BoehmBroschuere_allg_web-20090317.pdf
zuletzt geprüft am 20.03.2012.

Physiotherapeuten, Pflege) müssen eine Fortbildung absolvieren. Zudem kommen durch die demographische Entwicklung und dem gleichzeitigen Personalmangel in der Pflege 2 zentrale Probleme hinzu. Um nochmal kurz den Praxisbezug herzustellen habe ich versucht mir vorzustellen, das psychobiographische Pflegemodell auf der Station anzuwenden, auf der ich seit 3 Jahren arbeite (Internistische Station, 40 Betten). Dies wäre allein aufgrund der Personalstruktur schon nicht denkbar. Dennoch möchte ich nicht unerwähnt lassen, dass ich die Ansätze und Maßnahmen von Erwin Böhm als nötig empfinde. Ein weiterer Kritikpunkt am Modell entstand durch die Gründung des ENPP's als Institution. Nun müssen Altenheime und Krankenhäuser in Österreich die mit dem Psychobiographischen Pflegemodell arbeiten wollen, eine (kostenpflichtige) Lizenz erwerben. Allerdings erfreut sich das Modell an einer enormen Beliebtheit und auch ich halte es für absolut notwendig, die Ansatzweise in der Pflege zu ändern. Durch seine Individualität hat das Psychobiograpische Pflegemodell für mich einen positiven Eindruck hinterlassen. Meiner Meinung nach sollte genau so in der Langzeitpflege gearbeitet werden. Doch wie so oft sind die theoretisch gut nachvollziehbaren Ansätze in der Praxisumsetzung sehr schwierig. Zum Abschluss des Referates möchte ich einen Satz zitieren der meiner Meinung nach das Wesentliche des Modells knapp aber prägnant zusammenfasst: *„Die Selbstständigkeit, die soziale Kompetenz der Senioren soll so lange wie möglich erhalten bleiben. Dabei ist nicht vorrangig körperliche Selbstständigkeit gemeint, sondern der Geist und die Psyche, also selbstständig denken, fühlen und entscheiden zu dürfen."* (Popp, 2002 S.2)

6. Literaturverzeichnis

Arbeiterwohlfahrt Bezirksverband Rheinland e.V.: Pflege der Altersseele. Hg. v. Arbeiterwohlfahrt Bezirksverband Rheinland e.V. Online verfügbar unter http://www.awo-rheinland.de/fileadmin/user_upload/pdf/BoehmBroschuere_allg_web-20090317.pdf, zuletzt geprüft am 20.03.2012.

Böhm, Erwin (1992): Alte verstehen. Grundlagen und Praxis der Pflegediagnose. 2. Aufl. Bonn: Psychiatrie-Verl.

Böhm, Erwin (1994): Pflegediagnose nach Böhm – Ein Konzept zur Befindensverbesserung von Patienten und Pflegepersonal. 3.Aufl. Basel: Recom Verlag

Böhm, Erwin (2004): Psychobiographisches Pflegemodell nach Böhm. Band 1: Grundlagen. 3. Aufl. Wien: Verlag Wilhelm Maudrich

Böhm, Erwin (2009): Psychobiographisches Pflegemodell nach Böhm. Band 2: Arbeitsbuch. 4. Aufl. Wien: Maudrich

Böhm, Erwin (1992): Ist heute Montag oder Dezember? Erfahrungen mit der Übergangspflege. Überarb. Neuausg. Bonn: Psychiatrie-Verl

Böhm, Erwin (1988): Verwirrt nicht die Verwirrten. Neue Ansätze geriatrischer Krankenpflege. Bonn: Psychiatrie Verlag

ENPP-Boehm GmbH (Hg.). Unter Mitarbeit von Marianne Kochanski. Online verfügbar unter http://www.enpp-boehm.com/de/startseite.html, zuletzt geprüft am 02.02.2012

Popp, Ingrid (2002): Verwirrt nicht die Verwirrten! Was bedeutet Pflege nach

Böhm? Hg. v. Springer Medizin/ Heilberufe Fachzeitschrift. Online verfügbar unter http://www.bibb.de/redaktion/altenpflege_saarland/literatur/pdfs/verwirrt_nicht_die_verwirrten.pdf, zuletzt geprüft am 20.03.2012.

Prell, Markus (2011): Das Psychobiographische Pflegemodell nach Prof. Böhm. - eine kurze Vorstellung des Modells -. Online verfügbar unter http://pflegen-online.de/download/artikel_prell.pdf, zuletzt aktualisiert am 2011, zuletzt geprüft am 02.02.2012.